Andreas Kolipost

Hamburg kostenlos
1

Andreas Kolipost

HAMBURG KOSTENLOS

BAND 1
„GÜNSTIG EINKAUFEN UND LEBEN"

Impressum

Bibliografische Information der Deutschen Nationalbibliothek:
Die Deutsche Nationalbibliothek verzeichnet diese Publikation in der
Deutschen Nationalbibliografie; detaillierte bibliografische Daten sind im
Internet über http://dnb.dnb.de abrufbar.

© 2020 Andreas Kolipost

Herstellung und Verlag: BoD – Books on Demand, Norderstedt

ISBN: 9783751968249

Inhaltsverzeichnis

Vorwort:

Ich freue mich, Ihnen die erste Auflage des Buches „Hamburg kostenlos" vorstellen zu können.

In diesem Buch, aufgeteilt in vier Bände, finden Sie Hilfsangebote, Freizeitmöglichkeiten, Beratungsstellen und vieles mehr. Es werden besonders Menschen mit einem kleinen Einkommen angesprochen, also ALG II Empfänger, Menschen mit kleiner Rente (Grundrente), Berufstätige, die aufstocken müssen, Asylbewerber und alle, die sich angesprochen fühlen und mit wenig Geld auskommen müssen.
Im ersten Band stelle ich Ihnen einen Fundus aus dem Bereich „günstiges einkaufen" vor.
Der zweite Band befasst sich mit den Angeboten rund um Freizeit und Kultur, sehr vieles davon kostenlos.
Der dritte Band konzentriert sich schwerpunktmäßig auf Hilfen und Unterstützungsangebote in Fällen von schwierigen Lebenssituationen.
Der vierte Band bietet besonders Obdachlosen oder von Wohnungsverlust betroffenen Menschen Unterstützungs- und Hilfsangebote an. Es gibt aber auch unabhängig davon Tipps rund um Gesellschaft, Reisen und interessanten Initiativen.

Bitte bedenken Sie:
Die Angebote in Hamburg sind umfangreich und vielseitig. Viele davon sind nur möglich durch ehrenamtliche Arbeit. Ein großes Dankeschön an all die ehrenamtlich engagierten Menschen, die so viel möglich machen. Hier und da handelt es sich um Projekte, die zeitlich begrenzt sind. Das heißt trotz umfangreicher Recherche und der Bemühung um Aktualität, können sich die Angaben in dieser Broschüre schnell ändern.

Hinzu kommen die möglichen Einschränkungen der Angebote aufgrund der Corona-Krise. Machen Sie deshalb unbedingt von den Kontaktdaten Gebrauch, um sich bei Interesse über ein Angebot im Vorwege zu informieren und um festzustellen, ob das gewählte Angebot noch aktuell ist.
Ich wünsche Ihnen nun viele anregende Ideen für Ihren Alltag mit kleinem Geldbeutel.

Einleitung:

Was kann hilfreich sein, wenn Sie mit wenig Geld auskommen müssen?
Hier finden Sie ein paar Tipps dazu:
- Bedenken Sie, immer mehr Menschen in Hamburg sind in der gleichen Situation wie Sie.
- Verstecken Sie sich nicht, sprechen Sie mit anderen darüber.
- Führen Sie eine Zeit lang ein Haushaltsbuch und notieren Sie, wofür Sie Geld ausgeben.
- Achten Sie stets darauf, dass Ihre Miete, der Strom und das Telefon/der Internetzugang bezahlt sind, bevor Sie Ihr Geld anderweitig ausgeben
- Prüfen Sie alle Ausgaben auf ihre Notwendigkeit hin und reduzieren Sie diese, wenn möglich.
- Kaufen Sie grundsätzlich nur, was Sie auch wirklich brauchen. Lassen Sie sich nicht zu unnötigen Ausgaben verführen.
- Vermeiden Sie Schulden zu machen (Kontoüberziehung, Konsumentenkredite, etc.), da es mit wenig Geld schwerfällt, diese wieder abzubezahlen und die Zinsen einen „auffressen" können.
- Legen Sie zu Beginn des aktuellen Monats fest, was Sie nach Abzug aller festen Kosten tatsächlich als Budget übrig haben, mit dem Sie die nächsten 30 Tage haushalten müssen.
- Teilen Sie dieses Geld in Teilbeträge ein.
- Versuchen Sie, so irgend möglich, Rücklagen für unvorhergesehene Ausgaben zu bilden.
- Gönnen Sie sich und Ihrer Familie, Ihren Angehörigen hin und wieder ein schönes Erlebnis. Hamburg bietet vieles, was wenig oder gar nichts kostet.
- Planen Sie nötige Anschaffungen, sprechen Sie mit vielen Leuten darüber. Manchmal ergibt es sich, dass diese

Menschen genau das abzugeben haben, was Sie suchen.
- Versuchen Sie mit der Tatsache wenig Geld zu haben positiv
  umzugehen und sprechen Sie nicht negativ darüber.
- Überprüfen Sie Ihre Wünsche. Ist eine Anschaffung wirklich
  wichtig? Gibt es Alternativen oder lässt sich diese Anschaffung
  noch verschieben?
- Nutzen Sie so viele Informationsquellen wie möglich, um sich
  über kostenlose Angebote oder Veranstaltungen für wenig
  Geld zu informieren.
- Nehmen Sie gerne die Ferienangebote für Kinder, Jugendliche
  und Senioren der Stadt Hamburg in Anspruch
- Lassen Sie sich von den Angeboten dieser Broschüre
  inspirieren und ergänzen Sie diese durch eigene Ideen.

Und nun wünsche ich Ihnen viel Spaß beim Stöbern!

„Günstig einkaufen"

Flohmärkte Hamburg

Es gibt wöchentlich in fast jedem Stadtteil Flohmärkte. Hier bietet es sich an, sich selbst über das Internet, Gemeindeblätter und Stadtteilzeitungen kundig zu machen, da die Angebote so vielfältig sind, wie die Stadtteile Hamburgs selbst. Eine aktuelle Übersicht finden Sie hier:

https://www.hamburg.de/flohmarkt/

Quelle: https://pixabay.com

Second Hand Läden Hamburg

Auch hier gilt, das Angebot ist so vielfältig, wie die Stadt Hamburg insgesamt.

Eine erste Übersicht der Läden findet sich hier:

🖥️ https://www.hamburg.de/branchenbuch/
      hamburg/10233284/n0/

PC/Computerservice

Hier lassen sich sehr preisgünstig Computer reparieren und generalüberholte Computersysteme sehr preisgünstig erwerben, wenn man es nicht immer auf die neuesten Modelle absieht. Anbieter sind:

Mook wat PC

🏠 Elsässer Straße 4
      22049 Hamburg

☎ 040 / 658 653-53

🖨 040 / 658 653-55

@ info@mookwat-pc.de

🖥️ http://www.mookwat-pc.info

📅 Montag – Donnerstag :
      08.30 - 11.30 Uhr und 12.30 - 14.30 Uhr
      Freitag :
      08.30 - 11.30 Uhr (nicht nachmittags)

IT-Sozialkaufhaus

🏠 Auf dem Königslande 33
      22041 Hamburg

☎ 040 / 68 91 38 01

@ info@it-sozialkaufhaus.de

🖥️ http://it-sozialkaufhaus.de/

 040 – 68913801

 Dienstag und Donnerstag
  09:30 – 12:00 und 13:00 – 17:00 Uhr
  Freitag durchgehend von 09:30 – 14:00 Uhr.
  Montag und Mittwoch geschlossen.

Quelle: https://pixabay.com

Digital sozial – Selbsthilfe digital – Computerspende Hamburg e.V.

Wie sollen sich Arbeitslose bewerben, wenn sie über keinen Computer verfügen?

Zwei Langzeitarbeitslose (Herr und Frau Matzen aus Hamburg Rahlstedt) haben vor zehn Jahren ihre Leidenschaft für Computer zur Berufung gemacht und ein eigenes Projekt ins Leben gerufen, den Verein „Computerspende Hamburg e.V."

In den nun zehn Jahren sind mehr als 3600 gespendete Computer aufbereitet und an Bedürftige verteilt worden, frei nach dem Motto „Mehr Chancengleichheit für Alle".
In den Vereinsräumen im Hamburger Osten stapeln sich Rechner, Monitore, Tastaturen, Kisten mit Adaptern, Platinen und sonstigem Computerzubehör, alles Werte, die sonst als Elektroschrott im Müll landen würden und hier im Verein ein zweites Leben eingehaucht bekommen. In den Vereinsräumen wird geschraubt, zerlegt und repariert und aus alten Rechnern voll funktionsfähige neue Rechner zusammengesetzt. Die meisten gespendeten Rechner sind erst wenige Jahre alt und werden abgegeben, weil sie für den Nutzer zu langsam sind und diese sich neue Rechner angeschafft haben. Dabei liegt die Verlangsamung des Rechners nur an dem aufgehäuften Datenmüll in den Arbeitsspeichern, die Windows bei jeder Anwendung hinterlässt. Die Wenigsten wissen aber, wie man diesen Speichermüll wieder löscht und kaufen sich deshalb einen neuen PC. Auch ist es sehr ärgerlich, dass viele Hersteller sogenannte Sollbruchstellen einbauen, die ein technisches Gerät vorzeitig unbrauchbar machen. Die Vereinsmitglieder wissen aber, wie sie die „alten Rechner" wieder flottmachen können und geben diese dann gegen eine geringe Gebühr an Bedürftige ab.
Aufgereiht stehen die fit gemachten Rechner im Eingangsbereich des Vereins. Jeden Freitag, dem Abholtag, klingelt es nachmittags an der Tür. Ältere Menschen, junge Familien, Alleinerziehende und Flüchtlinge zeigen Herrn Matzen ihren Bedürftigkeitsnachweis (ALG II Bescheid, etc.) und dürfen sich einen PC samt Monitor, Drucker, Tastatur, Maus und Kabel aussuchen. Früher war die Abgabe kostenlos, mittlerweile wird eine Abholgebühr von zehn Euro erhoben, um den Verein lebensfähig zu halten, aber auch um den Abholenden die

Wertigkeit ihrer neuen Computer bewusst zu machen. Zehn
Euro kann jeder irgendwie aufbringen.
Der Verein leistet mit seiner Tätigkeit auch einen großen
Beitrag zum Umweltschutz. Die gespendeten Geräte landen
somit nicht im Elektroschrott. Die Entsorgung käme den Firmen
recht teuer zu stehen. Auch wenn es kaum glaubhaft klingt, es
gibt mehr Computerspenden, als Bedürftige, die einen
aufbereiteten Rechner abholen möchten. Wer kein Internet
nutzen kann, kann sich auch schlecht über dieses Angebot
(Internetauftritt) informieren, deshalb hilft hier nur die Mund zu
Mund Propaganda.
Der Verein bietet außerdem noch kostenlose Computerkurse an,
in denen der Umgang mit dem PC gelernt werden kann. Dazu
gibt es Kurse, in denen die Teilnehmer lernen können selber
einen PC zu reparieren.
Der Verein zählt bisher 120 Mitglieder, der Monatsbeitrag
beläuft sich auf zwei Euro im Monat. Dafür erhält jeder einen
kompletten PC und bei Bedarf einen Computerkurs, um zu
lernen, wie man seinen PC repariert.

🏠 Hauptstelle Hamburg
Angelika und Horst Matzen
Nydamer Ring 9
22145 Hamburg (Stadtteil Rahlstedt)
@ team@computerspendehamburg.de
💻 https://computerspendehamburg.de
☎ 040 / 66 90 37 77
🖨 040 / 35 77 38 22
📅 Montag, Mittwoch, Donnerstag und Freitag 10:00 – 15:00
Uhr

... und so beantragen Sie Ihren Computer:

1. Sie müssen Ihre Bedürftigkeit nachweisen. Dafür kopieren Sie die erste Seite Ihres gültigen ALG II Bescheids. Ihre Anschrift und der Bewilligungszeitraum muss daraus ersichtlich sein. Andere Leistungsempfänger verfahren mit ihren Bescheiden ähnlich.
2. Auf diese Kopie schreiben Sie Ihre Telefonnummer unter der Sie persönlich am besten zu erreichen sind.
3. Faxen Sie diese Kopie zu oder senden Sie diese an die oben genannte Anschrift.
4. Die eingegangenen Anträge werden der Reihe nach abgearbeitet und mit einer laufenden Nummer versehen. Ist Ihre Nummer an der Reihe, erhalten Sie eine Nachricht, wann und wo Sie Ihren neuen Rechner abholen können. Haben Sie eine Festnetznummer angegeben wird versucht Sie zweimal zu erreichen, bei Angabe einer Mobilfunknummer erhalten Sie eine SMS mit Bitte um Rückruf. Dieser muss innerhalb der angegebenen Zeitspanne erfolgen. Rufen Sie zu spät zurück oder sind über das Festnetz nicht zu erreichen, können Sie für die laufende Ausgabe leider nicht berücksichtig werden. Bei Abholung fällt eine einmalige Bearbeitungsgebühr von zehn Euro pro Computer an. Die Computer werden vom Verein geprüft und gereinigt. Für alle zusätzlichen Komponenten kann daher keine Funktionstüchtigkeit garantiert werden.

Repair Cafés Hamburg - Alternative zum Wegwerfen

Ob Fahrrad, Smartphone oder Fernseher - in den Repair-Cafés bringen handwerklich und technisch versierte Nachbarn alte Geräte wieder zum Laufen. Ziel der ehrenamtlich organisierten Repair-Cafés ist es, die Umwelt zu schützen, einen nachhaltigen Lebensstil zu fördern und darüber hinaus Menschen miteinander in Kontakt zu bringen. Dafür stehen neben den notwendigen Materialien und Werkzeugen auch Kaffee und Kuchen zum Gespräch bereit.

Altona

🏠	Haus Drei; Hospitalstr. 107 22767 Hamburg Tel. 040 / 38 89 98
⏱	bitte erfragen
💻	http://haus-drei.de/events/

Eidelstedt

🏠	Eidelstedter Bürgerhaus e.V. Alte Elbgaustraße 12 22523 Hamburg; Tel. 040 / 570 95
⏱	bitte erfragen
💻	https://www.ekulturell.de/programm/ veranstaltungen/

Quelle: https://pixabay.com

Wandsbek

🏠	alsterdorf assistenz ost Von-Bargen-Str. 18, Haus E 22041 Hamburg Tel. 040 / 68 86 06 36
⏱	bitte erfragen
💻	https://www.alsterdorf-assistenz-ost.de/lernen-arbeiten/hamburg/tagesfoerderung/wandsbek/

Stellingen

🏠	Repair Cafe Stellingen Försterweg 52 22525 Hamburg Tel. 040 / 540 006 22
⏱	bitte erfragen
💻	https://www.reparatur-initiativen.de/ repair-cafe-stellingen

Langenhorn

🏠	Kulturhaus Langenhorn Käkenflur 30 22419 Hamburg Tel. 040 / 533 271 50
⏱	bitte erfragen
💻	http://www.ella.mookwat.de/

Harburg

🏠	Repaircafe Harburg, Räume Vineyard Hamburg Außenmühlenweg 10b 21073 Hamburg Tel. 04105 / 85 90 749
⏱	bitte erfragen
💻	http://www.repaircafe- harburg.de/termine.html

Wilhelmsburg

🏠	Repair Cafe Hamburg-Wilhelmsburg; Weimarer Straße 79 21107 Hamburg
⏱	jeden letzten Freitag im Monat, 16 bis 19 Uhr
💻	https://www.reparatur-initiativen.de/repair-cafe-hamburg-wilhelmsburg

Quelle: https://pixabay.com

IFIXIT – Den Dingen ein zweites Leben geben

Jährlich werden ca. eine Milliarde Smartphones verkauft, Millionen neuer Laptops und PCs und hunderte Millionen von anderen technische Geräten. Wenn diese kaputtgehen oder schlicht veralten, werden diese meist durch Neugeräte ersetzt. Es ist noch gar nicht so lange her, da war es üblich defekte Geräte reparieren zu lassen oder diese selbst zu reparieren und damit dem Gegenstand ein weiteres Leben einzuhauchen. Es gab jede Menge Handbücher und Gebrauchsanleitungen zu fast jedem Produkt, dass genutzt wurde und eine Reparatur war meist kostengünstiger, als ein neues Gerät zu kaufen.

Heute haben sich die Lebenszyklen, besonders von technischen Geräten, deutlich verkürzt. Reparaturen von defekten Produkten sind nicht mehr vorgesehen (selbst das Auswechseln von Akkus kann fast unmöglich gemacht werden), Sollbruchstellen (geplante Obsoleszenz) werden eingebaut, damit kurz nach Ablauf der Gewährleistungspflicht, ein neues gekauft werden muss.

Handbücher und Gebrauchsanleitungen liegen einem Neukauf meist nicht mehr bei oder müssen mühsam aus dem Internet „geklaubt" werden. Zudem sind Reparaturen, so diese nicht selbst durchgeführt werden können, deutlich teurer als ein Neugerät und werden vom Fachhandel kaum noch durchgeführt.

Doch allmählich ändert sich die Einstellung und viele Menschen wollen ihre defekten Geräte nicht mehr einfach nur wegwerfen und durch neue ersetzen, sondern diese selber reparieren. In immer zahlreicher werdenden Repair-Cafés kann man nun seine technischen Geräte unter Anleitung selber reparieren und damit die Lebenszeit deutlich verlängern, was auch dabei hilft, Ressourcen zu sparen.

Nun gibt es ein Internetportal „IFIXIT", ähnlich wie Wikipedia, nur für Reparaturanleitungen. In einfachen Schritt für Schritt Anleitungen wird erklärt, wie man sein Smartphone oder auch sein Fahrzeug oder anderes selbst repariert. „IFIXIT" bietet dafür mittlerweile zehntausende kostenlose Handbücher für zehntausende Geräte an. Es wird regelmäßig ein Ranking veröffentlicht, wie reparaturfähig einzelne Geräte, auch neue, sind. Auch für alltägliche Probleme, wie das Annähen eines Knopfes oder das Bügeln einer wasserdichten Jacke, werden gut bebilderte Anleitungen angeboten. Es soll nicht verheimlicht werden, das IFIXIT selbst Reparatursets und Ersatzteile anbietet und vermarktet. Doch mit den Handbüchern und Anleitungen kann nun jeder selbst sein technisches Gerät reparieren oder es zumindest versuchen, denn etwas, was schon kaputt ist, kann nur wieder repariert werden.

Sie finden alle Handbücher und Anleitungen, auch für die neuesten Geräte, die laufend aktualisiert und ergänzt werden, auf der Internetseite: *https://de.ifixit.com* Menüpunkt „Repariere Deine Sachen" und dann „Anleitungen" anklicken.

Selbsthilfewerkstätten

Fahrrad und andere Zweiräder
Fahrradwerkstätten der SBB
Hier können Sie Ihre Fahrräder unter Anleitung aufbereiten und selber reparieren, also selber Hand anlegen und Ihr Fahrrad wieder in Schuss bringen. Sie bezahlen nur die Ersatzteile zum Einkaufspreis.
Voraussetzung ist, dass Sie Sozialleitungen (ALG II, Sozialhilfe, Grundrente oder Unterstützung nach dem

Asylbewerberleistungsgesetz) beziehen oder nur über ein kleines Einkommen verfügen.

🏠 Kieler Str. 99
    22769 Hamburg
☎ 040 / 211 12-383
    (Buslinien 183 und 283, Haltestelle Langenfelder Straße)
und
🏠 Kieler Str. 407
    22525 Hamburg
☎ 040 / 211-412
    (Buslinien 4, 183, 283, Haltestelle Volksparkstraße)
📅 Montag-Freitag 09:00-14:00 Uhr

Fahrradselbsthilfe Centro Sociale

In dieser Werkstatt haben Sie jeden Dienstag ab 18:30 Uhr die Möglichkeit Ihr Zweirad selbstständig oder unter Anleitung zu reparieren.

🏠 Sozialgenossenschaft St. Pauli Nord und rundrum eG
    Sternstraße 2
    20357 Hamburg
💻 https://www.centrosociale.de/

Quelle: https://pixabay.com

Fahrrad- & Motorrad Selbshilfewerkstatt in der Motte
Zusätzlich zu vielen anderen Werkstattgruppen bietet die „Motte" immer Donnerstags ein Angebot zur Reparatur von Fahrrädern und Motorrädern an. In der Zeit von 16:00-19:00 Uhr lassen sich die Fahrräder und in der Zeit von 19:00-22:00 Uhr die Motorräder reparieren.

🏠 MOTTE
Eulenstraße 43
22765 Hamburg
☎ 040 / 39 92 62 – 0
🖨 040 / 39 92 62 – 11
@ info@diemotte.de
💻 https://www.diemotte.de/de/werkstaetten/

Bürozeiten: Dienstag bis Donnerstag 10:00-12:00 Uhr

Technik, Drucker & Co.
Makerspace Attraktor – Treffpunkt für Tüftler &
Technikbegeisterte
Attraktor e.V. Hamburg bietet Bastlern, hier besonders
Technikinteressierten viele Angebote. Im Einzelnen sind dies:
Basteldonnerstag:
Jeden Donnerstag um 19:30 Uhr
Elektronik-Stammtisch:
Jeden ersten Montag im Monat um 19:30 Uhr
Open Lockpicking Workshop:
Jeden zweiten Mittwoch im Monat um 19:00 Uhr
Näh-Workshop: Jeden Monat, Termine auf Anfrage
Es finden weitere interessante Veranstaltungen in
unregelmäßigen Abständen statt.

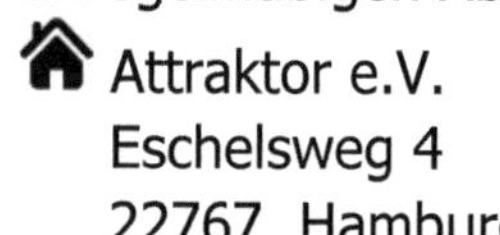 Attraktor e.V.
Eschelsweg 4
22767 Hamburg
@ office@attraktor.org
https://blog.attraktor.org/

Offene Werkstätten
Holz- und Metallwerkstatt im Haus 3
In dieser Werkstatt können Sie Ihre eigenen Vorstellungen und
Projekte realisieren, wenn Sie gerne mit Holz oder mit Ton
arbeiten.

Die Werkstatt findet sich im Keller und ist   von außen zugänglich.
Sie eignet sich zum Reparieren, Konstruieren, Erfinden, Möbel bauen, Spielzeug herstellen, Holz kennen lernen und vielem mehr. Kommen Sie einfach ohne Anmeldung vorbei! Sie finden dort einen halb-professionellen Maschinenpark mit Tischfräse, Abricht-Dickenhobel, Formatkreissäge, Drechselbank, Handmaschinen, Hobelmaschine, Bandsäge, Langlochbohrmaschine und Absauganlage sowie vier Werkbänke. In der Metallwerkstatt kann für geringes Geld geschweißt
und gedreht werden.

Preise:
- Werkbank: 1€/ Stunde
- Handmaschinen: 3€/ Stunde
- Tischlereimaschinen: 3€/ 15 Minuten

Die Werkstatt ist von Montag-Mittwoch von 17:00-21:00 Uhr und jeden 2. Und 4. Samstag im Monat zum Werken und Basteln geöffnet.
Material muss mitgebracht werden!

Herr Manfred Timpe

☎ 040 / 38 61 41 07

@ manfredtimpe@haus-drei.de

HausDrei
   Hospitalstr. 107
   22767 Hamburg

☎ 040 / 38 89 98

040 / 38 93 06-3

@ info@haus-drei.de

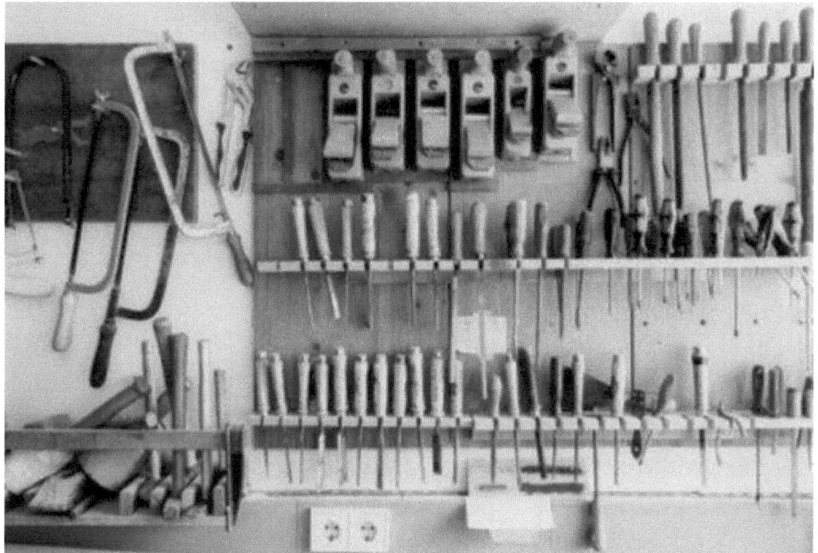

Quelle: https://pixabay.com

Frauenwerkstatt der Villa Magdalena

Die Villa Magdalena K. ist ein feministisches Wohn- und Werkstattprojekt auf St. Pauli in Hamburg mit einer Druckwerkstatt für Siebdruck, Buchdruck und einem Veranstaltungsraum.

Auf 110 Quadratmetern im Erdgeschoss bietet das Haus:

- eine Werkstatt für Siebdruck und Buchdruck
- den flexibel nutzbaren Grafikraum, der als Arbeitsraum, für Ausstellungen, Workshops, Kurse oder unterschiedliche kulturelle Veranstaltungen genutzt wird

Es werden regelmäßig Kurse und das Offene Drucken
angeboten. Bei Interesse erfragen Sie bitte die aktuellen
Veranstaltungstermine.

🏠 Villa Magdalena K.
   Bernstorffstr.160a
   22767 Hamburg
☎ 040 / 444 65 546
@ villamagdalenak@gmx.de
💻 http://villamagdalenak.de/

Frauenhand-Werkstatt e.V.
Bei diesem Werkstattangebot handelt es sich um eine offene
Tischlerei und Töpferei, speziell auf Frauen ausgerichtet.
In der Tischlerei und Keramikwerkstatt finden Sie Maschinen,
Töpferscheiben, Kleinwerkzeuge und Materialien, um Ihre Ideen
und Projekte zu verwirklichen.
Es gibt hier auch die Möglichkeit Kurse zu besuchen.
Die Werkstatt wird von Frauen jeden Alters und mit
unterschiedlichen Hintergründen betrieben.
Gemeinsam ist ihnen die Freude am kreativen Arbeiten mit Holz
und Ton, der Wunsch nach einem tollen Ort für das Handwerk
und die Bereitschaft, zusammen einen Verein und eine
Gemeinschafts-Werkstatt zu betreiben. Und das seit über 30
Jahren.

Öffnungszeiten: Keramikwerkstatt
Dienstags 10:00 – 13:00 Uhr und 18:00 – 21:00 Uhr
Mittwochs 18:00 – 21:00 Uhr

Öffnungszeiten mit Unterstützung/Anleitung:
Holzwerkstatt
Montag (ungerade KW/mit Anmeldung) 18:30 – 21:00 Uhr
Dienstag/Mittwoch im Wechsel 18:00 – 21:00 Uhr
Donnerstag 18:00 – 20:15 Uhr

 Frauenhand-Werkstatt e.V.
Elsässer Str. 4
Dulsberghof, 3. Etage
22049 Hamburg

 040 / 69 61 94 9 (Bitte Nachricht auf AB hinterlassen)
 info@frauenhandwerkstatt.de
 https://www.frauenhandwerkstatt.de/

Offene Werkstätten in der Motte
Rund 80 ehrenamtliche Mitarbeiter engagieren sich in der
„Motte" und bieten vielfältige und offene Werkstatttermine an.
Dazu zählen Video, Foto, Siebdruck, Seidenmalerei, Keramik,
Holz, Metall, Motorrad, Fahrrad, Hühnerhof, Bienen und Imkerei
und viele weitere Angebote.
Die ganze Bandbreite der Möglichkeiten finden Sie auf der
Homepage:
https://www.diemotte.de/de/werkstaetten/
Die offenen Werkstatt-Termine können ohne Anmeldung
besucht werden.

 MOTTE
Eulenstrasse 43
22765 Hamburg
 040 / 39 92 62 – 0

📠 040 /39 92 62 – 11
@ info@diemotte.de
💻 https://www.diemotte.de/de/werkstaetten/

Bürozeiten für Nachfragen:
Dienstag bis Donnerstag 10:00-12:00 Uhr

Töpferei in der Fabrik
Die Töpferei gibt es vom ersten Tag der FABRIK an. Initiiert von
einer Mitarbeiterin, die sich in der FABRIK eine Werkstatt
einrichtete und diese dann auch für die Besucher öffnete, ist die
Töpferei inzwischen ein zentraler Anlaufpunkt für Menschen
geworden, die ihre eigene Kreativität verwirklichen wollen. Hier
wird der Anspruch der FABRIK, altersübergreifend tätig zu sein,
am wirksamsten umgesetzt. Der Kreis der begeisterten
Teilnehmer reicht vom Vorschulalter- bis ins Pensionsalter,
teilweise kommen die Besucher bereits seit Jahren regelmäßig
in die Töpferei. Angeleitet und unterstützt von einer Fachkraft,
kann hier jeder seine eigenen Ideen entwickeln und umsetzen.
Von verschiedenen Aufbautechniken über das Drehen bis hin zu
unterschiedlichen Techniken des Brennens (Feldbrand,
Rakubrand etc.) lernen die Besucher diverse Keramiktechniken
kennen, können mit Engoben und Glasuren experimentieren
und haben im Laufe der Jahre z. T. einen eigenen Stil und ein
künstlerisches Potential entwickelt.
Neben der Kreativitätsförderung ist der soziale Aspekt ein
wichtiger Anreiz für den Besuch der Töpferei. Wenn Sie die
Töpferei besuchen möchten, erkundigen Sie sich bitte vorher
telefonisch, ob die Töpferei auch geöffnet hat.

📅 **Für Kinder und Jugendliche**

Dienstag und Donnerstag zwischen 12:00 und 18:00 Uhr

☎ 040 / 39 10 71 31

Die Teilnahme für Kinder und Jugendliche ist kostenlos.

📅 **Für Jugendliche und Erwachsene**

Dienstag und Donnerstag von 18.30 bis 22.00 Uhr

☎ 040 / 39 10 71 21

Teilnehmer der Abendgruppe zahlen einen geringen Monats-
sowie

einen Materialkostenbeitrag. Eine telefonische Voranmeldung
für die Abendkurse wird dringend empfohlen, damit Sie auch
einen Platz erhalten können.

🏠 Kultur- und Kommunikationszentrum
FABRIK Stiftung
Barnerstraße 36
22765 Hamburg

☎ 040 / 39 10 71 31 (👥 Frau Dana Hachmann)

@ kinder@fabrik.de

💻 https://fabrik.de/stadtteilarbeit
(Menüpunkt Stadtteilarbeit/Töpferei)

Daneben bietet die Fabrik viele weitere Freizeit- und
Kulturangebote.

Quelle: https://pixabay.com

Tauschbörsen

Über Tauschbörsen lässt sich bei Bedarf viel Geld einsparen und gelegentlich lassen sich hier echte Schnäppchen machen.
Hier als Anregung ein paar größere Tauschbörsen:

Bambali:
💻 https://www.bambali.de/
Ebay-Kleinanzeigen:
💻 https://www.ebay-kleinanzeigen.de/
Tauschbillet:
💻 http://www.tauschbillet.de
Tauschgnom:
💻 https://www.tauschgnom.de/

Tauschticket:
https://www.tauschticket.de/
Tauschring Hamburg:
https://tr-hamburg.cyclos-srv.net/

Sozialkaufhäuser

In Sozialkaufhäusern können Sie Kleidung, Möbel, Haushaltswaren, Spiele und Spielzeug, Dekorationsartikel und Teppiche, also fast alles zum kleinen Preis erstehen. In vielen Sozialkaufhäusern ist ein Nachweis Ihrer Bedürftigkeit notwendig. In der Regel erhalten Sie dann einen kleinen Mitgliedsausweis, der sechs bis zwölf Monate gültig ist und dazu berechtigt preisreduziert einzukaufen.

Eine erste Übersicht findet sich hier:
https://www.hamburg.de/branchenbuch/hamburg/10406896/n0/

Quelle: https://pixabay.com

🛒	🏠 und ☎ und @	📅
BaNotke Sozialkaufhaus	Notkestraße 7 22607 Hamburg (Bahrenfeld) 040 / 607 957 65	Mo-Fr 10:00- 17:30 Uhr
BezahlBar	Habichtstraße 126 22307 Hamburg (Barmbek-Nord) 040 / 189 982 17	Di-Fr 10:00- 18:00 Uhr
Capello Sozialkaufhaus e.V.	Bornheide 76b 22549 Hamburg	Mo 14:00- 18:00 Uhr

	(Osdorf) 040 / 35 77 28 80	Di, Mi und Fr 10:00-15:00 Uhr Do 10:00-18:00 Uhr
fairKauf | IN VIA Hamburg e.V.	Küchgarten 19 21073 Hamburg (Harburg) 040 / 79 41 677-15	Mo-Fr 09:30-16:30 Uhr
Hopes Boutique – Sozialkaufhaus	Gründgenstr. 16 (Eingang Ruwoldtweg) 22309 Hamburg 040 / 64 22 33 98	Mo-Fr 08:00-16:30 Uhr
Humana Second Hand Laden Filiale Altona	Große Bergstr. 141 22767 Hamburg 040 / 38 011 980	Mo-Fr 10:00-19:00 Uhr Sa 10:00-18:00 Uhr
Humana Second Hand Laden Filiale Harburg	Bremer Str. 2a 21073 Hamburg 040 / 32 808 937	Mo-Fr 10:00-19:00 Uhr

		Sa 10:00- 18:00 Uhr
Humana Second Hand Laden Filiale Winterhude	Gertigstr. 17-19 22303 Hamburg 040 / 24 18 17 09	Mo-Fr 10:00- 19:00 Uhr Sa 10:00- 18:00 Uhr
Humana Second Hand Laden Filiale Schanzenviertel	Schanzenstr. 24 20357 Hamburg 040 / 5555 6164	Mo-Fr 10:00- 19:00 Uhr Sa 10:00- 18:00 Uhr
IT Sozialkaufhaus der AWO	Auf dem Königslande 33 22041 Hamburg 040 / 689 13 801 https://it-sozialkaufhaus.de	Mo, Di, Do 09:00- 12:00 Uhr und 12:30- 16:00 Uhr

Second-Hand-Projekt „KinderKram"	Güntherstr. 102 22087 Hamburg 040 / 25 49 60 84 und 040 / 25 01 184	Mo, Do 14:00- 18:00 Uhr
Jack un Büx - Secondhandkleidu ng am Michel	Krayenkamp 8 20459 Hamburg (Neustadt) 040 / 376 781 79 jackunbuex@st- michaelis.de	Abgabe: Mo-Fr 14:00- 17:00 Uhr Einkaufe n: Mi und Fr 15:00- 18:00 Uhr
Kleiderkiste Altona	Eppendorfer Weg 27 20259 Hamburg (Eimsbüttel) 040 / 432 150 80	Mo 12:00- 18:00 Uhr Di-Do 10:00- 18:00 Uhr Fr. 10:00- 13:00 Uhr
MÖBELBERGedorf	Brookkehre 32 21029 Hamburg	Mo-Fr 08:00-

| | (Bergedorf)
040 / 729 040 60 | 16:00
Uhr |
| Möbelkiste
Hamburg | Dehnhaide 1b
22081 Hamburg
(Barmbek-Süd)
040 / 525 903 35 | Di-Fr
10:00-
15:00
Uhr |

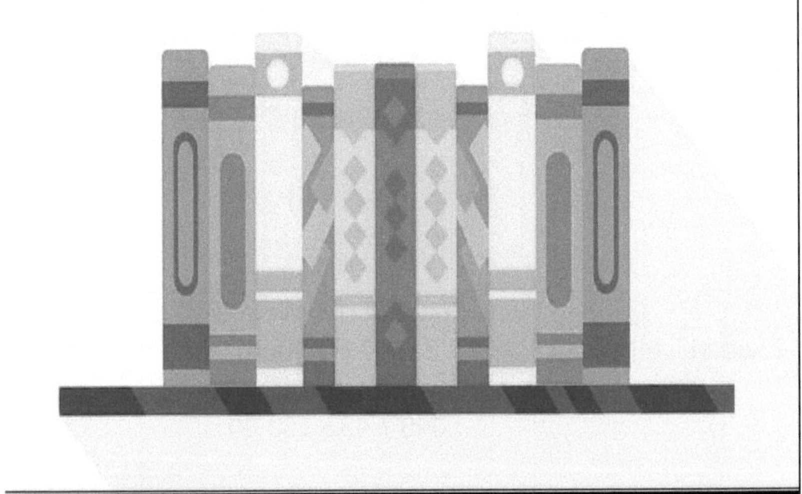

Quelle: https://pixabay.com

| Mook wat e.V.
Möbelkeller | Doormannsweg 43
20259 Hamburg
(Eimsbüttel)
040 / 329 632 66 | Mo-Fr
10:00-
18:00
Uhr |
| Nutzmüll e.V.
Altona | Boschstraße 15b
22761 Hamburg
(Bahrenfeld) | Mo-Fr.
08:00- |

	040 / 890 663-0 kontakt@nutzmuell.de	15:00 Uhr
Nutzmüll e.V. Wandsbek	Am Stadtrand 56 22047 Hamburg (Tonndorf) 040 / 734 352 37 kontakt@nutzmuell.de	Mo-Fr. 08:00- 15:00 Uhr
Nutzmüll e.V. Mitte	Billbrookdeich 266 22113 Hamburg 040 / 734 352 37 kontakt@nutzmuell.de	Mo-Fr. 08:00- 14:30 Uhr
Second Hand Laden Rock und Rat	Gründgenstr. 28 22309 Hamburg 040 / 639 056-18	Di, Do, Fr 10:00- 18:00 Uhr Mi 10:00- 13:00 Uhr
Stilbruch Kaufhaus Filiale Altona	Ruhrstr. 51 22761 Hamburg 040 / 25 76-22 22 040 / 25 76-2099 info@stilbruch.info https://www.stilbruch.de	Mo-Sa 10:00- 18:00 Uhr
Stilbruch Kaufhaus Filiale Wandsbek	Helbingstr. 63 22047 Hamburg 040 / 25 76-22 22	Mo-Sa 10:00-

	🖶 040 / 25 76-2099 info@stilbruch.info 💻 https://www.stilbruch.de	18:00 Uhr
Stilbruch Kaufhaus Filiale Harburg	Lüneburger Str. 39 21073 Hamburg 040 / 25 76-22 22 🖶 040 / 25 76-2099 info@stilbruch.info 💻 https://www.stilbruch.de	Mo-Sa 10:00- 18:00 Uhr
Oxfam Shop Altona	Bahrenfelder Straße 130 22765 Hamburg (Ottensen) 040 / 325 227 20	Mo-Fr 10:00- 19:00 Uhr Sa 10:00- 15:00 Uhr
Warengut Grone Sozialkaufhaus	Borselstr. 3 22765 Hamburg (Altona) 040 / 30 39 17 10 warengut@grone.de	Mo-Fr 09:30- 17:30 Uhr
Oxfam Shop Wandsbek	Wandsbeker Marktstraße 10 22041 Hamburg (Marienthal) 040 / 670 492 72	Mo-Fr 10:00- 19:00 Uhr Sa 10:00-

		14:00 Uhr
Petri und Pauli Laden	Bergedorfer Schloßstraße 9 21029 Hamburg (Bergedorf) 040 / 720 081 99	Mo 10:00-12:00 Uhr Di 13:00-17:00 Uhr
Quelle: https://pixabay.com		
Spenda Bel Billstedt	Gundermannstraße 8 22119 Hamburg (Billstedt) 040 / 673 828 44	Mo-Fr 10:00-16:45 Uhr

Spenda Bel Nord	Fuhlsbüttler Straße 416 22309 Hamburg (Barmbek-Nord) 040 / 350 346 09	Mo-Fr 10:00- 16:45 Uhr
Spenda Bel Kultur- Cafe St. Pauli	Feldstraße 37 20357 Hamburg 040 / 63 67 90 50	Mo-Fr 10:00- 16:00 Uhr
Spenda Bel Kinder-Eltern-Treff St. Pauli (Kinderkleidung und Spielzeug)	Detlev-Bremer-Str. 13 20359 Hamburg 040 / 38 64 05 22	Mo-Fr 10:00- 17:45 Uhr
Spenda Bel Wilhelmsburg	Am Veringhof 15 21107 Hamburg 040 / 28 78 98 68	Mo-Fr 08:00- 16:00 Uhr
Zweitwert Eimsbüttel Sabrina Beul	Weidenallee 38 20357 Hamburg 040 / 24 43 26 52 zweitwert@einfal.de	Mo-Fr 10:00- 18:00 Uhr Sa 10:00- 16:00 Uhr
Toys Company Hamburg (Eingang	Am Werder 1 21073 Hamburg 040 / 32 50 37 95-1 info@hamburg.dekra-	Mo-Fr 08:00-

links neben Staples)	toyscompany.com oder hamburg.akademie@dekra.com	17:00 Uhr

Arbeitskreis Lokale Ökonomie e.V. – Ohne Geld durchs Leben!

Motto: Gegenseitige Hilfe und solidarische Kooperation

Der Arbeitskreis Lokale Ökonomie e.V. bietet als Alternative zur herkömmlichen Wirtschaftsweise einen selbstbestimmten, bunten Raum, in dem es merklich anders zugeht, als wir es sonst gewohnt sind. Hier wird gegenseitige Hilfe geleistet, indem aktive Menschen ihre Talente, Dienstleistungen und Gebrauchsgegenstände auf Gegenseitigkeit kostenlos zur Verfügung stellen. Es herrscht ein freundlicher, solidarischen Umgang mit- und untereinander.

Im Arbeitskreis Lokale Ökonomie e.V. werden gebrauchte Dinge getauscht, defekte Geräte repariert, statt weggeworfen. Bildung und Kultur nehmen einen großen Raum ein und werden selbstorganisiert betrieben.

Es entsteht damit ein experimenteller Raum für vielfältige Erfahrungen des Teilens, Beitragens und gemeinsamen Entscheidens in Gemeinschaften. Die Projekte stehen allen Interessierten entweder als Besucher oder als Aktive offen. Jeder ist willkommen, der neue Projektideen einbringen möchte und wird dabei solidarisch unterstützt. Initiativen für bereits bestehende Projekte und die Bereitschaft zur Mitarbeit werden gerne angenommen und bereichern den Arbeitskreis und den eigenen Erfahrungshorizont.

Der Arbeitskreis Lokale Ökonomie e.V. hat seine Heimat in den Gebäuden der ehemaligen Victoria-Kaserne in Altona und ist inzwischen ein selbstverwalteter Gewerbehof für Kleingewerbetreibende, Künstler und sozialen Initiativen.

Die Bodenstedtstraße zweigt von der Max-Brauer-Allee ab und grenzt an den Sportplatz der SC Teutonia an.

Folgende Projekte und Aktivitäten werden angeboten:

Umsonstladen – Dinge tauschen statt wegwerfen

Öffnungszeiten: Montags 16.00 - 18.00 Uhr
                    Dienstags 18.30 - 20.30 Uhr
                    Mittwochs 16.00 - 19.00 Uhr
                    Freitags 13.00 - 16.00 Uhr
                    Samstags 10.00 - 12.30 Uhr

Frauentreff – jeden vierten Montag im Monat

Kleinmöbellager – tauschen und vorbeibringen

Öffnungszeiten: Montags 16.00 - 18.00 Uhr
                    Dienstags 18.30 - 20.30 Uhr
                    Mittwochs 16.00 - 19.00 Uhr
                    Freitags 13.00 - 16.00 Uhr
                    Samstags 10.00 - 12.30 Uhr

Repair Cafe – reparieren, statt wegwerfen

Öffnungszeiten: Dienstags 10.00 - 13.45 Uhr
                    Erster Dienstag im Monat 10.00 - 18.00 Uhr

Umsonstfest – Straßenfest ohne Geldbörse

Garten und Saatgut – Saatgut und Garten zur Mitnutzung

Öffnungszeiten: Montags 16.00 - 18.00 Uhr
                    Dienstags 18.30 - 20.30 Uhr
                    Mittwochs 16.00 - 19.00 Uhr
                    Freitags 13.00 - 16.00 Uhr
                    Samstags 10.00 - 12.30 Uhr

Feste und Veranstaltungen
Musik-Projekt und Drum Circle – gemeinsam Musik machen
Kreativwerkstatt
Öffnungszeiten: 2. Donnerstag im Monat 14.00 - 18.00 Uhr
                    4. Donnerstag im Monat 14.00 - 18.00 Uhr
Kunstgespräch – alle vier Wochen Mittwochs

🏠 Bodenstedtstr. 16
   22765 Hamburg
   Tel. 040 / 22859341;
@ info@ak-loek.de
💻 https://ak-loek.de/

Quelle: https://pixabay.com

**Weitere Umsonst-Läden – Tauschen und kostenlos
mitnehmen (bis zu drei Teile)**

In Hamburg gibt es einige Umsonst-Läden, in denen Sie gut
erhaltene Gegenstände abgeben oder auch mitnehmen können
- und zwar wie der Name schon sagt ganz kostenlos. Das
Projekt fußt auf der Idee, dass Bürgerinnen und Bürger sich
gegenseitig helfen können und gleichzeitig durch die
Wiederverwendung der Gegenstände weniger Ressourcen
verbraucht werden. So geht die Umweltbelastung zurück und
jeder hat die Chance in den Umsonst-Läden etwas Schönes für
sich zu finden.

🏠 Umsonstladen Nobleestraße
Nobleestraße 13a
21075 Hamburg-Heimfeld

☎ 0176 - 32 85 91 14 (Nur während der Öffnungszeiten)

@ Post@Umsonstladen-Harburg.de

💻 http://www.umsonstladen-harburg.de/umsonstladen-
nobleestrae/

🏠 Umsonstladen Haakestraße
Haakestraße 22 (Ecke Gazertstraße)
21075 Hamburg-Heimfeld

☎ 040 – 23 81 53 69 (Nur während der Ladenöffnungszeiten)

@ Post@Umsonstladen-Harburg.de

💻 http://www.umsonstladen-harburg.de/umsonstladen-
haakestrae/index.php

Hinz&Kunzt – Das Hamburger Strassenmagazin
Heimat und Arbeit für Wohnungs- und Obdachlose

Die meisten Hamburger kennen Hinz&Kunzt – viele sogar seit der ersten Ausgabe im November 1993. Hinz&Kunzt ist derzeit Deutschlands auflagenstärkstes Straßenmagazin mit den Schwerpunkten Sozialpolitik, Hamburg-Themen und Kultur. Das Heft wird von Profis gemacht und von mehr als 500 Obdachlosen, Wohnungslosen, Ex-Obdachlosen und von Menschen in prekären Lebenslagen auf der Straße verkauft.

Hinz&Kunzt bieten eine unbürokratische Beschäftigung für Menschen, die auf dem Arbeitsmarkt kaum Chancen haben und fördern das soziale Klima in der Stadt: Der Verkauf des Magazins trägt dazu bei, dass Berührungsängste und Vorurteile zwischen Arm und Reich abgebaut werden.

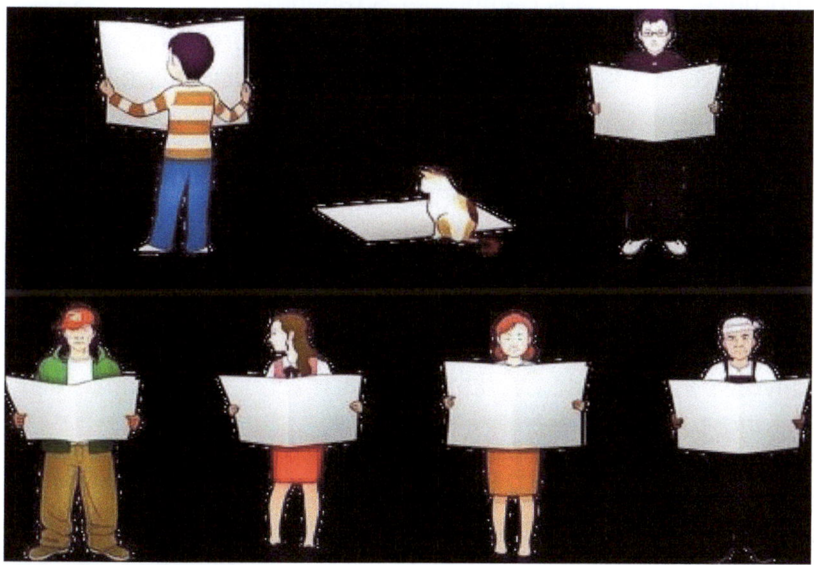

Quelle: https://pixabay.com

Mehr als ein Magazin

Hinz&Kunzt ist ein integratives Projekt: Unter einem Dach befinden sich die Redaktion, der kaufmännische Bereich, der Vertrieb und die Sozialarbeit. Der Vertrieb ist das Herz von Hinz&Kunzt. Hier werden die Magazine an die Verkäufer verkauft und Verkaufsplätze vereinbart. Am Kaffeetresen können sich die Verkäufer bei einem Kaffee aufwärmen, mit Kollegen austauschen oder einfach nur Energie tanken. Die Türen der Sozialarbeiter stehen immer offen. Sie beraten die Hinz&Künztler bei Suchtproblemen, Geldsorgen, helfen bei der Suche nach einer Unterkunft oder Wohnung, bei Stress mit den Ämtern oder Ärger mit der Familie. In Arbeitskreisen, bei Journalisten und Politikern ist Hinz&Kunzt als Experte für Armut gefragt und leistet Lobbyarbeit.

Gegründet wurde das Hamburger Straßenmagazin 1993 als Kooperationsprojekt von Obdachlosen und Journalisten von Dr. Stephan Reimers, dem damaligen Leiter des Diakonischen Werkes.
Die Idee: Wohnungs- und Obdachlose verkaufen ein professionell geschriebenes und gestaltetes Magazin.
Das Ziel: Geld, Anerkennung und Würde für die Obdachlosen. Und das Magazin sollte eine soziale Stimme in der Stadt sein.
Die erste Hinz&Kunzt erschien am 6. November 1993. Sie wurde 30.000 Mal gedruckt und kostete damals 1,50 Mark (davon 1 Mark für den Verkäufer). Nach zehn Tagen waren alle Zeitungen verkauft.
Heute liegt die Auflage bei rund 60.000 Heften monatlich. Ein Exemplar kostet 2,20 Euro, davon sind 1,10 Euro für den Hinz&Künztler.
Neben dem Magazin initiiert und betreibt Hinz&Kunzt viele weitere interessante Projekte, wie die BrotRetter, Spende Dein

Pfand, Duschbus für Obdachlose und alternative
Stadtrundgänge. Damit werden viele Menschen mit einer
Perspektive auf ein besseres Leben unterstützt, die sonst am
äußeren Rand der Gesellschaft stehen würden und kaum
Chancen sehen, sich aus Ihrer Situation zu befreien.

🏠 Hinz&Kunzt

gemeinnützige Verlags- und Vertriebs GmbH
Altstädter Twiete 1–5
20095 Hamburg

☎ 040 / 321 08 311
🖨 040 / 303 99 638
@ info@hinzundkunzt.de
💻 https://www.hinzundkunzt.de/

Teilen, Tauschen, Leihen in Hamburg

Warum eine Bohrmaschine kaufen, wenn man sie nur für den
Umzug benötigt? Oder ein eigenes Auto, wenn man sich eines
leihen kann? Warum durch überfüllte Läden hasten, obwohl
man im Internet schicke gebrauchte Kleidung bestellen kann
oder auf dem Flohmarkt bzw. im Second Hand Laden gute,
günstige Sachen findet? Die Sharing Economy hat sich längst
als neuer Handelsweg etabliert. Die neue Tauschgesellschaft
bietet die Möglichkeit zum intelligenten Konsum und führt zu
einem Abbau der Wegwerfgesellschaft. Zusätzlich lässt sich mit
dem Tauschen oder Second-Kauf sehr viel Geld sparen.

Hamburg ist mit Portalen wie 9flats, mytaxi, dem Leihportal
lifethek eine der Gründerhochburgen im Bereich der Sharing

Economy. Wer mitmachen will in der neuen, alten Welt des Tauschens, dem bietet die Stadt viele Möglichkeiten – von der Tauschkiste, dem Leihfahrrad bis zum Bücherbus und einem Versicherungsbonus. Fast jedes Produkt und jede Dienstleistung lässt sich heutzutage über deutschlandweite oder internationale Tauschringe erwerben.

Möbel

Die Stilbruch (*https://www.stilbruch.de/*) Läden in Altona, Wandsbek und Harburg sind die ersten Adressen, um sich in Hamburg mit Retro-Möbeln auszustatten. Sofas, Lampen, Mahogonischränke und Omas Küchenbuffets! Wer Glück hat und öfter reinschaut, kann hier kultige Möbel-Schnäppchen finden. Antikschränke, Tische und Kommoden werden auch auf dem Schanzen-Flohmarkt verkauft.

Sachen

Über das Portal frents (*https://www.frents.com*) kann man sich in Nachbarschaft Dinge ausleihen, die man gerade benötigt. Wer etwas verleiht, ist auf der "Karte der nutzbaren Dinge einer Gesellschaft" zu sehen. Derjenige, der ausleiht, legt die Mietpreise fest. Ähnlich funktioniert der Allround-Flohmarkt Shpock (*https://www.shpock.com/de-de*).

An Hamburgs Straßenecken und auf Plätzen stehen seit einigen Jahren so genannte **Tauschboxen**. In diese offenen Holzhütten von der Größe einer Dixi-Toilette legt man Bücher, Kleidung, Hausgegenstände etc., die man nicht mehr benötigt und findet vielleicht gleichzeitig eine Sache, die man gut gebrauchen kann. Tauschboxen befinden sich an der Chemnitzstraße, Ecke Virchowstraße und am Paulinenplatz, St.

Pauli, auf dem Kemal-Altun-Platz, an der Langenfelder Straße und Arnkielstraße.

Die schönsten Tauschbörsen sind doch eigentlich die Flohmärkte. Davon gibt es in Hamburg so viele tolle, dass man jedes Wochenende über die Märkte ziehen könnte. Hier eine Auswahl an Flohmärkten: der Samstagsflohmarkt auf der Schanze, die Flohmärkte im Goldbekhaus, in der Fabrik, an der Bahrenfelder Trabrennbahn, an der Horner Rennbahn oder an der Turmstraße und auf dem Eppendorfer Landstraßenfest.

Wohnen

Sogar dem teuersten Hotelzimmer fehlt meist der Charme einer individuellen Unterkunft bei netten privaten Vermietern. Deshalb buchen viele eine Wohnung oder ein Zimmer über airbnb (*https://www.airbnb.de/s/Hamburg--Germany*), dem weltweit aktiven Portal für private Unterkünfte. Mittlerweile hat das Unternehmen einen Sitz in Hamburg. Ähnlich funktionieren die Portale Wimdu (*https://www.wimdu.de/hamburg)* und www.9flats.com (*https://www.9flats.com/de/hamburg-deutschland*). Der Hamburger Stephan Uhrenbacher hat 86.000 Unterkünfte bei seinem Portal www.9flats.com im Angebot. Die klassische Variante der Wohnportale *https://www.mitwohnen.org/* ist auch geeignet für WG-Zimmer-Suche. Homecompany (*https://hamburg.homecompany.de/de/index*) mit Sitz am Schulterblatt ist auf die Vermittlung von Privatunterkünften auf Zeit in Hamburg spezialisiert.

Autoverleih

Fahrzeugbesitzer, die ihr Auto nicht ständig nutzen, können es über Carsharing-Communitys verleihen. Zum Beispiel über

www.drivy.de/ (jetzt *https://de.getaround.com/*) oder über
tamyca (jetzt *https://www.snappcar.de/*). Bei snappcar kann
man sofort sehen, wer in der Nachbarschaft welches Auto
vermietet. Für die Parkplatzsuche gibt es diese beiden
hilfreichen Portale *www.ampido.com/* und *www.parkinglist.de/*.

Fahrrad

Dass die Aktion StadtRAD (*https://stadtrad.hamburg.de/de*) so
erfolgreich laufen würde, hätte niemand gedacht.
Zehntausende Hamburger und Gäste schwingen sich auf die
roten Räder, die Hamburg weit an vielen Leihstationen zum
Losradeln bereitstehen. Nach einer Anmeldung ist die Ausleihe
unkompliziert und praktisch, weil man sein Rad an einem
anderen Ort wieder abgeben kann.

Mitfahrgelegenheit

Schon seit 1998 organisiert die Mitfahrzentrale
https://www.blablacar.de/ Fahrgemeinschaften. Das Teilen von
Fahrplätzen ist eine der beliebtesten und ältesten Formen der
Sharing Community. Sucht man sehr kurzfristig
eine Mitfahrgelegenheit, kann man eher bei
flinc (*https://www.flinc.org/*) fündig werden. Hier haben Fahrer
noch während der Fahrt die Möglichkeit, weitere Mitfahrer
aufzunehmen.

Transport

Raumobil (*https://www.raumobil.com/*) ist eine Plattform für
die kostenlose Vermittlung von freien Transport- und Raum-
Kapazitäten. Über dieses Portal lassen sich Möbel, Koffer und
andere Lasten von A nach B transportieren. Außerdem werden
Mitfahrgelegenheiten, Zimmer und Lagerflächen vermittelt.

Kleidung

In Hamburg gibt es viele gut sortierte Second Hand Läden. Von der Luxuskleidung bis hin zum Vintagestil kann man in den oft spezialisierten Second Hand Läden jede Art von Mode erwerben. Wer besonders auf den Preis achtet, dem sei der DRK-KiloLaden empfohlen. Beim Einkauf tut man gleichzeitig etwas für den guten Zweck, denn alle Gewinne fließen in soziale Einrichtungen.
Die beliebteste Kleidungsbörse im Internet ist wohl der Kleiderkreisel (*https://www.kleiderkreisel.de/*), die Second Hand -Tauschbörse für Kleidung und Accessoires. Junge Mädchen kleiden sich gern bei Mädchenflohmarkt (*https://www.maedchenflohmarkt.de/*) mit gebrauchten schicken Sachen ein. Und Kinderbekleidung und Umstandsmode ist bei Mamikreisel (*https://www.mamikreisel.de/*) zu erhalten.

Bücher und Medien

Beim Busfahren tolle Bücher finden! Das geht in Hamburg. Gut 100 Busse fahren täglich mit einem Regal voller Bücher durch die Stadt. Während der Busfahrt kann man in den Taschenbüchern schmökern und das eine oder andere bei Gefallen mit nach Hause nehmen. Die Weitergabe von Büchern bei *http://bookcrossers.de* funktioniert etwas komplizierter. Hier legt man gelesene Bücher auf Park-Bänken, in der Bahn oder einem Café aus. Wer das Buch findet, trägt seine Daten auf der Internetseite ein. Der Sinn der Aktion? So kann man über das Online-Portal nachschauen, wo das Buch überall herumgekommen ist.

Versicherung

Sogar die Kosten für Versicherungen lassen sich ganz legal teilen. Bei Friendsurance (*https://www.friendsurance.de/*) vernetzen sich Mitglieder mit vertrauenswürdigen Menschen aus dem Bekanntenkreis. Bei Bagatellschäden springen die Personen aus dem Netzwerk füreinander ein und zahlen einen festgelegten Beitrag. Diverse Versicherungen wie Hausrat, Haftpflicht, Rechtsschutz und Handy kooperieren mit Friendsurance und senken ihre Prämien um 30 bis 70 Prozent, wenn sie nichts mit den Bagatellschäden zu tun haben.

Lebensmittel

Nie mehr Essen wegschmeißen! Wie oft hat man sich das schon vorgenommen. Mit Foodsharing (*https://foodsharing.de*) ist dieses Ziel einfacher zu erreichen. Wer zu viel eingekauft hat oder in den Urlaub fährt und noch diverse Lebensmittel im Kühlschrank hortet, kann diese über die Plattform Foodsharing seinen Nachbarn anbieten. Wer Lebensmittel braucht, gibt seine Postleitzahl ein und sieht, wer in der Nähe Lebensmittel anzubieten hat. In einem Selbsttest mit PLZ-Eingabe 22765 erhielt ich sofort 5 Nachrichten und konnte in 0 Km Entfernung zwei Nektarinen, 15 Fladenbrote, Bioland Frischmilch und einen Weißkohl abholen.

Ateliers und Werkstätten

Eine handwerkliche Projektidee im Kopf aber zu wenig Platz in den eigenen vier Wänden? Oder besonders lärmempfindliche Nachbarn? Als geeigneten Ausweichplatz bieten sich in Hamburg diverse Werkstätten und Ateliers an, in die man sich für kürzer oder länger einmieten kann. Um diese zu finden, gibt

es die Online-Plattform Craftspace
(*https://craftspace.de/hamburg/*), über die man ganz einfach
den richtigen Coworking-Raum in seiner Nähe findet – egal, ob
man schneidern, werkeln, hämmern oder nähen möchte. So
gelingt es schnell, seine Ideen zu verwirklichen.

Leihen ist das neue Kaufen, sagen die Anhänger der Sharing
Economy. Oder mieten statt besitzen und verschenken statt
Wegwerfen! In der großen Welt des Tauschens, Teilens,
Leihens gibt es kaum Grenzen und es lohnt sich mitzumachen.
Weil man nette Menschen kennenlernt, die Umwelt schützt und
den Geldbeutel schont.

Quelle: https://pixabay.com

Anschriften/Kontaktdaten
zu den Angeboten der Sharing Economie:

Einkaufen
Stilbruch Gebrauchtwarenkaufhaus

Altona
Ruhrstr. 51
22761 Hamburg
Montag-Samstag 10:00-18:00 Uhr
040 / 25 76 22 22
info@stilbruch.de
https://www.stilbruch.de/

Harburg
Lüneburger Str. 39
21073 Hamburg
Montag-Samstag 10:00-18:00 Uhr

Wandsbek
Helbingstr. 63
22047 Hamburg
Montag-Samstag 10:00-18:00 Uhr

Schanzen-Flohmarkt, Flohschanze
Neuer Kamp 30
20357 Hamburg
Montag-Samstag 09:00-18:00 Uhr
040 / 7 270 27 66

frents – dein Netzwerk zum Leihen, Verleihen und Sammeln

🖥 https://www.frents.com

Allround-Flohmarkt **Shpock**

🖥 https://www.shpock.com/de-de

LifeThek – Ausleihen statt kaufen

✉ Stresemannstr. 290
22761 Hamburg

☎ 040 / 31 99 22 09

📅 Montag-Freitag 10:00-18:00 Uhr, Samstag 10:00-14:00 Uhr

Kleiderbörsen
Kleiderkreisel/Mamikreisel

✉ Kleiderkreisel GmbH
Wallstraße 65
10179 Berlin

@ legal@kleiderkreisel.de

🖥 https://www.kleiderkreisel.de/ und
https://www.mamikreisel.de/

Mädchenflohmarkt - Mädchenflohmarkt GmbH

✉ Mädchenflohmarkt GmbH
Schlosserstr. 2
70180 Stuttgart

Retouren & Concierge Pakete - Lieferadresse

✉ Mädchenflohmarkt GmbH
Schwieberdinger Straße 95-97

Lager Fritz OHG

70435 Stuttgart

https://www.maedchenflohmarkt.de/

Versicherung

Friendsurance – Kosten für die Versicherung teilen

Alecto GmbH

vertreten durch den Geschäftsführer Tim Kunde

Mehringdamm 34

10961 Berlin

0800 087 088 - 0

info@friendsurance.de

https://www.friendsurance.de/

Quelle: https://pixabay.com

Wohnen

airbnb – private Unterkünfte

🖥 https://www.airbnb.de/s/Hamburg--Germany

@ terms@airbnb.com

🖥 https://www.airbnb.de/help/contact_us

Wimdu – Portal private Unterkünfte

🖥 https://www.wimdu.de/hamburg

✉ Wimdu META GmbH
Stadtberger Str. 99
86157 Augsburg

☎ 030 / 7262 1560

@ information@wimdu-meta.com

9flats.com – Portal privater Unterkünfte

🖥 https://www.9flats.com/de/hamburg-deutschland

☎ 030 / 983216799

@ info@9flats.com

mitwohnen.org - mitwohnen - Wohnen gegen Hilfe oder Minijob

🖥 https://www.mitwohnen.org/
Mitwohnen.org ist ein Service des Verlags

✉ interconnections medien & reise e.K.
Georg Beckmann
Schillerstr. 44
79102 Freiburg

☎ 0761 / 700 650

🖶 0761 700 688

Homecompany – Wohnen auf Zeit

🖥 https://hamburg.homecompany.de/de/index

✉ HomeCompany Hamburg
MWZ Immobilien GmbH
Schulterblatt 112
20357 Hamburg

☎ 040 / 19445

🖨 040 / 431 357 50

@ hamburg@homecompany.de

Mobilität
Carsharing-Communitys:

🖥 https://de.getaround.com/

🖥 https://www.snappcar.de/ und
https://www.snappcar.de/auto-mieten/hamburg

✉ CarShare Germany GmbH
Neue Schönhauser Str 3-5
10178 Berlin

@ support@snappcar.de

☎ 030 / 588 493 23

Quelle: https://pixabay.com

StadtRAD Hamburg - aufsteigen und abfahren!

✉ Deutsche Bahn Connect GmbH
Mainzer Landstraße 169
60327 Frankfurt am Main

☎ 069 / 265-40500 (Mo-Fr von 8.00 bis 17.00 Uhr)

@ info@stadtradhamburg.de

💻 https://stadtrad.hamburg.de/de

Mitfahrgelegenheiten
Mitfahrzentrale.de jetzt unter blablacar zu finden

💻 https://www.blablacar.de/

@ support+de@blablacar.com

Pendlerportal

Das Pendlerportal ist die Mitfahrbörse Ihrer Region: CO2 einsparen, Staus vermeiden, Energiekosten senken – und das völlig kostenlos! Egal, ob es die tägliche Fahrt zum Arbeitsplatz ist oder die einmalige Fahrt quer durch die Republik.

🖳 https://mrh.pendlerportal.de/

✉ Marktplatz GmbH - Agentur für Web & App
Stresemannstr. 6
21335 Lüneburg

☎ 04131 / 789900-0

🖶 04131 / 789900-9

@ info@marktplatz-agentur.de

BesserMitfahren.de

Mitfahrgelegenheit finden und anbieten
Mit jährlich ca. 1,1 Mio Nutzern und mehr als 1,5 Mio Mitfahrgelegenheiten ist diese Plattform eine der größten kostenfreien Mitfahrzentralen in Deutschland.

🖳 *https://www.bessermitfahren.de/*

Fahrtfinder

Fahrtfinder ist eine Meta-Suchmaschine für Mitfahrgelegenheiten und durchsucht die Portale Fahrgemeinschaft.de, BlaBlacar, vonAnachB.de, Mitfahr-Monster, Mitfahren.de, MiFaZ, BesserMitfahren und flinc. Man tippt den Start- und Zielort ein und lässt sich alle gefundenen Mitfahrgelegenheiten übersichtlich anzeigen. Dann muss man lediglich den entsprechenden Link anklicken und wird zur entsprechenden Mitfahrzentrale weitergeleitet. Falls man vorher das Angebot durch einen Filter reduzieren will, kann man auf der linken Seite die Abfahrtszeit und den Preis eingrenzen. Zusätzlich bekommen Paare oder kleine Gruppen die Möglichkeit, eine Platzanzahl anzugeben.

🖥 https://www.fahrtfinder.net/

✉ Philipp Kochan und Merlin Roth, IT-Dienstleistungen GbR
   Csilla-von-Boeselager-Straße 74
   33014 Paderborn

@ mr@fahrtfinder.net

flinc per App zur Arbeit.
Mit der neuen flinc App schnell und einfach Mitfahrgelegenheiten finden und profitieren.

🖥 https://www.flinc.org/

✉ CGI Deutschland B.V. & Co. KG
   Leinfelder Straße 60
   70771 Leinfelden-Echterdingen

@ support.flinc@in.wixanswers.com

Raumobil – Plattform zur Vermittlung von freien Raum- und Transportkapazitäten
Die raumobil GmbH wurde 2006 als das erste Internet Start Up für Green Internet Solutions, nachhaltige Mobilität und Ressourcenteilung gegründet.

🖥 https://www.raumobil.com/

✉ raumobil GmbH
   Auer Straße 19

76227 Karlsruhe
☎ 0721 / 6607245
🖨 0721 / 6607248
@ info@raumobil.com

Coworking-Räume – Arbeitsplätze vielfach nutzen
🖥 https://craftspace.de/hamburg/
✉ Spacebase GmbH
Muskauer Straße 24
10997 Berlin
☎ 030 / 22 01 25 50 oder 030 / 220 125 50
@ terms@spacebase.com

Kampf der Lebensmittelverschwendung – Foodsharing und Foodrettung in Hamburg – machen Sie mit!

Na, heute wieder einmal eine braune Banane oder ein anderes Lebensmittel weggeworfen? Das muss nicht sein! Lebensmittelverschwendung ist ein großes Thema – nicht nur in Deutschland, sondern auch in Hamburg.
Im Schnitt wirft jeder Mensch in Deutschland jährlich rund 85 Kilogramm an Lebensmitteln in den Müll. Und dabei müssen wir uns wohl alle an die eigene Nase fassen. Denn wir kennen das: Man kauft manchmal mehr ein, als man tatsächlich in einer Woche verbrauchen kann. Genau für das Problem gibt es eine richtig gute Lösung in Hamburg: Tauschkühlschränke!

Dies ist eine Alternative zum „Containern" (Rettung der Lebensmittel aus dem Müll), das leider nach wie vor strafbar bleibt, da der Vorstoß aus dem Hamburger Senat, das „Containern" nicht mehr unter Strafe zu stellen, von der Justizministerkonferenz abgeschmettert wurde.
Und dies ist zusätzlich eine Ergänzung zu den „Hamburger Tafeln" und trägt dazu bei, weitere Lebensmittel zu retten und einer sinnvollen Verwendung zuzuführen.
An diesen "Fair-Teiler"-Stationen können überschüssige Lebensmittel abgegeben und abgeholt werden. Das Prinzip ist dabei ziemlich einfach: Lebensmittel, die noch essbar sind und die man nicht mehr braucht, können hier abgelegt werden. Jeder kann sich dann das herausnehmen, was er möchte oder noch für ein Essen als Zutat braucht.

In Deutschland gibt's mittlerweile 100 dieser Stationen – in Hamburg inzwischen 14! Zum Beispiel stehen auf dem Innenhof des Goldbekhauses zwei Kühlschränke mit Lebensmitteln. Einen Schrank für Brot und Brötchen gibt es auch sowie ein Bücherregal – hier wird eben fast alles getauscht! Damit auch alles funktioniert, kommt es auf die richtige Unterstützung an. Diese kommt hier vom Kulturzentrum am Goldbekhaus und versorgt die Kühlschränke mit Strom.

Damit der Lebensmitteltausch auch klappt, gibt es sogenannte ehrenamtliche "Foodsaver", die dafür sorgen, dass die öffentlichen Kühlschränke sauber sind und gereinigt werden. Und bei der Tauschaktion machen nicht nur Privatpersonen mit! Die „Foodsaver" sammeln regelmäßig übrig gebliebene Lebensmittel aus Läden und Betrieben ein. So landen in den Kühlschränken am Goldbekhaus und in den anderen Fair-Teilstationen häufig auch Lebensmittel von nahegelegenen Märkten und aus der Gastronomie- oder aus Handelsbetrieben.

Man darf aber natürlich nicht alles abgeben: Das
Mindesthaltbarkeitsdatum darf abgelaufen sein, das
Verbrauchsdatum allerdings nicht. Denn leicht verderbliche
Lebensmittel wie rohes Fleisch oder Fisch, die mit dem Zusatz
"zu verbrauchen bis" gekennzeichnet sind, dürfen aus
hygienischen Gründen nicht weitergegeben werden. Denn hier
können sich schnell Keime und Bakterien bilden, die
gesundheitsschädigend sind. So darf alles mit Hackfleisch oder
rohen Eiern auch nicht getauscht werden. Gerichte, die mit
Sahne zubereitet werden, wechseln nur gekühlt den Besitzer.
Generell gilt: Schrumpelig ist OK, verdorben natürlich nicht!
Und was gibt's in den Tausch-Kühlschränken?
Über die Homepage foodsharing.de bekommt man nach einer
kurzen und formlosen Anmeldung immer alle News zu den
Standorten der Lebensmittel-Tauschstationen und was es dort
zu holen gibt. Hier tauscht man sich auch über die Sauberkeit
oder neue Lieferungen an den Stationen aus. Und die
Tauschkühlschränke kommen echt gut an: Die Facebook-
Gruppe "foodsharing in Hamburg" hat bereits über 7.700
Mitglieder.
Dabei gibt es nicht nur die öffentlichen Standorte: Regelmäßig
bieten auch Hamburger ihre Wohnungen an, um zu einer
bestimmten Zeit Lebensmittel tauschen zu können. Eben ganz
nach dem Motto: Sharing is caring...

Die 14 Fair-Teiler in Hamburg:

Fair-Teiler Alsterdorfer Markt
🏠 Alsterdorfer Markt 18
   22297 Hamburg

Asta Info-Café Fair-Teiler Rotherbaum
🏠 Von-Melle-Park 5 (WiWi-Bunker)
   20146 Hamburg

Brakuler-Fairteiler Bramfeld
🏠 Bramfelder Chaussee 265
   22177 Hamburg

Eilbeker Fair-Teiler

🏠 Kiebitzstr. 1
   22089 Hamburg

Fair-Teiler Barmbek-Nord

🏠 Barmbeker Str. 64
   22303 Hamburg

Goldbekhaus Kulturzentrum Hamburg-Winterhude

🏠 Moorfurthweg 9
   22301 Hamburg

Fair-Teiler Altona-Altstadt

🏠 Schomburgstr. 6
   22767 Hamburg

Fair-Teiler Sauerkrautfabrik, Harburg

🏠 Kleiner Schippsee 22
   21073 Hamburg

Fair-Teiler Trinitatiskirche, Harburg

🏠 Bremer Str. 9
   21073 Hamburg

Fair-Teiler Technikum Hamburg, Gebäude O, Harburg

🏠 Eißendorfer Str. 38
   21073 Hamburg

Fair-Teiler vor den Zinnwerken, Veddel-Wilhelmsburg

🏠 Am Veringhof 7

21107 Hamburg

Fair-Teiler Eimsbüttel
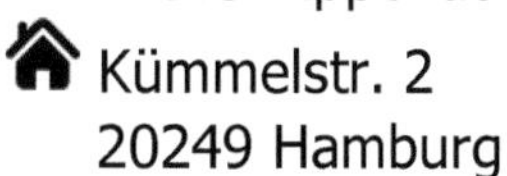 Osterstr. 189
20255 Hamburg

Fair-Teiler Eppendorf
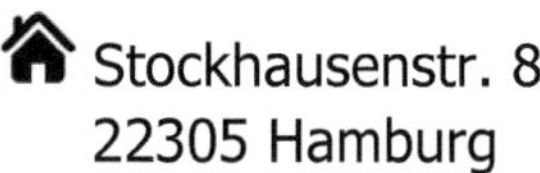 Kümmelstr. 2
20249 Hamburg

Fair-Teiler Barmbek-Nord (Küche einer privaten WG)
Stockhausenstr. 8
22305 Hamburg

https://geheimtipphamburg.de/geheimtipp und
https://foodsharing.de

Kreative Wege gegen die Lebensmittelverschwendung

1. Die BrotRetter in Hamburg

Seit dem 1. April 2016 gibt es ein Arbeitsprojekt von Hinz &
Kunzt – gemeinsam mit der Bäckerei Junge. In Lohbrügge
verkaufen Hinz& Kunzt-Verkäufer jetzt Brot und Backwaren vom
Vortag zu günstigen Preisen – sie sind die BrotRetter.
Seite an Seite stehen ehemalige Verkäufer von Hinz & Kunzt
und das Team von der Bäckerei Junge und verkaufen
Backwaren aller Art. Die Hinz&Künztler holen die Backwaren
vom Vortag morgens ab, sortieren, packen und verkaufen sie

anschließend. Und sie erhalten einen festen Teilzeit-Arbeitsvertrag.

Die BrotRetter Lohbrügge wurden beim Bundespreis gegen Lebensmittelverschwendung ausgezeichnet. Das Projekt der Bäckerei Junge und Hinz&Kunzt landete unter den besten drei Projekten aus der Kategorie Handel.

„Wir bieten mit dem Straßenmagazin Hamburgs Obdach- und Wohnungslosen Heimat und Beschäftigung", so Stephan Karrenbauer, Sozialarbeiter bei Hinz&Kunzt. „Mit BrotRetter haben ehemalige Obdachlose jetzt eine echte Chance auf dem ersten Arbeitsmarkt. Und das Ganze mit einer sinnvollen Initiative und einem tollen Partner!"

Genauso begeistert ist der Initiator, Junge-Geschäftsführer Tobias Schulz: „Bis in die Abendstunden können unsere Gäste in unseren Läden aus einem reichhaltigen Sortiment auswählen. Das ergibt aber leider auch eine beträchtliche Menge an nicht verkauften Backwaren. Ich konnte es daher kaum ertragen, dass wir jeden Tag so viel Brot übrighaben – und das, obwohl wir schon die Tafeln beliefern und viele andere soziale Projekte unterstützen."

Wo bekomme ich das Brot?

 BrotRetter
Rothenburgsorter Marktplatz 2
20539 Hamburg

 040 / 721 051 68

@ info@jb.de

 Montag-Freitag 07:00-16:00 Uhr und Samstag 08:00-16:00

Uhr
solange, wie der Vorrat reicht

2. Vistro, Hamburg, ein Mittagstisch, der rettet

Das vegane Restaurant Vistro arbeitet mit dem Bramfelder Kulturladen zusammen, um Lebensmittel zu retten. Das Konzept: Von Dienstag bis Donnerstag gibt es im Vistro einen Mittagstisch, der fast ausschließlich aus geretteten Lebensmitteln gekocht wird. Kooperierende Supermärkte bringen diese kostenlos vorbei. Es werden täglich fünf bis 20 Essen ausgegeben. Es könnten bei Bedarf deutlich mehr Essen gekocht werden, da das Restaurant mehr Lebensmittel erhält, als verkocht werden können. Was übrig bleibt, wird dem Fair-Teiler neben der Eingangstür zugeführt.
Das Angebot richtet sich ausdrücklich auch an Menschen, die sich sonst keinen Restaurantbesuch leisten können, Spenden sind willkommen, aber keine Bedingung, um ein Mittagessen serviert zu bekommen.

Wo gibt es den Mittagstisch?

🏠 Vistro Hamburg
Bramfelder Chaussee 265
22177 Hamburg

☎ 040 / 642 170 30

Notizen: